PROJEÇÕES

CLAUDINEY KALL

Dados Internacionais de Catalogação na Publicação (CIP)
(Câmara Brasileira do Livro, SP, Brasil)

Anjos, Claudiney Santos Dos
    Projeções : assim na tela como na mente /
Claudiney Santos Dos Anjos. -- Indaiatuba, SP :
Ed. do Autor, 2020.

    ISBN 978-65-00-11169-9

    1. Autoconhecimento 2. Mente - Corpo 3. Projeção
(Psicologia) 4. Reflexões I. Título.

20-47518   CDD-158.1

Índices para catálogo sistemático:

1. Projeção : Psicologia aplicada   158.1

Cibele Maria Dias - Bibliotecária - CRB-8/9427

A todos os irmãos e irmãs cujo
desafio tem sido transmutar-se da pedra
bruta da ignorância a resplandecente joia da
sabedoria; do metal imperfeito, impuro e sem
valor ao mais cobiçado, valioso e puro
elemento.

Aos que estão transformando o
mundo empreendendo na mais desafiadora
Jornada que é voltarem-se para dentro de si
mesmos.

A todos quantos entenderam o
propósito da vida; que transcenderam ou
encontram-se no processo de
autoconhecimento, evolução e crescimento.

Boa Jornada!

PREFÁCIO

A tensão que envolve a mulher que está grávida bem como seus familiares no momento que precede o parto é muito grande. Dores, imprevisibilidades e incertezas a cada gestação e parto tumultuam a mente humana. Vidas estão em jogo!

Foi usando valendo-se desse cenário desse que o Mestre descreveu sua angústia bem como as benesses após os desafios serem por Ele superados.

Racionalizou que, logo após a criança nascer, a mãe deixa de vivenciar a dor, o sofrimento e o medo.

Este livro nasceu como o despontar do sol após uma noite escura, num momento de intensa escuridão, dúvidas e rancores.

Parece um paradoxo e talvez, na visão do leitor, seja muito cedo para concordar, mas há sabedoria na loucura. Portanto leia atentamente e dispõe-te a aplicar as práticas com o coração e verás que poderás transformar o mundo a sua volta quando vir sobre uma nova perspectiva os eventos e personagens que se surgem diante de você na tela da sua mente.

Bom filme!

ENQUANTO ISSO, NO CINEMA...

Os telespectadores aguardavam assentados em suas poltronas, ansiosos pelo início do filme. A excitação e expectativa eram tamanhas que, sob a luz baixa, era possível notar alguns que se agitavam apertando firmemente as mãos, chacoalhando as pernas e tensos. Olhavam atentamente para tela de projeção como se estivessem assistindo à aguardada obra cinematográfica.

A extensa fila que se formou horas antes do espetáculo, bem como esgotamento dos ingressos para primeira sessão três dias antes da estreia, eram provas conclusivas de que os amantes do cinema desejavam ardentemente o início do que seria considerado, segundo os apreciadores da trama, um evento marcante.

Após ter passado um minuto do horário previsto, em uma fileira ao fundo da sala, era possível notar um senhor de meia idade esforçando-se para enxergar as horas em seu relógio analógico.

Nada mais era interessante naquele momento para apreciadores da ficção, a não ser o desenvolver da trama cinematográfica. Até que três minutos depois do horário estabelecido, para o contentamento de todos, as luzes laterais se apagam restando apenas a duplicidade do casalzinho que se beijava desde que sentaram na fileira H, parecendo pouco se importarem com o vídeo.

Enfim, acontece o jogo de luz e sombras diante dos expectadores e as reações diversas e controversas dos que pagaram para vivenciar aquele momento. É quando iniciam as projeções...

Mas o que são projeções? Quais os inúmeros e discutíveis resultados e efeitos elas provocam no público que superlotam cinemas ou que assistem em seus respectivos lares? Por que a mesma trama refletida na tela, independentemente do enredo ser baseado em uma história real ou fruto do imaginário fictício, produz experiências e reações diferenciadas na mesma pessoa ou no mesmo público, independentemente do gênero, dos atores ou da mensagem que se quer passar? De onde vieram as projeções? Por quê?

O que acontece no cinema é análogo ao que se passa na mente humana: projeções!

Dores, pensamentos, ações, reações, sentimentos, alegria, choro, riso, amor, ódio. As reações advindas dos ruídos ou da tranquilidade interna, os sabores ou os dissabores da vida, a proximidade ou o distanciamento, o que tem cheiro agradável ou o que é fétido e repugnante, o olhar direcionado às boas ou más coisas, pessoas e acontecimentos. Tudo está exibindo o que é escondido do público, preservado com cuidado e segurança, na cabine de projeção mental. Também encoberto está o responsável (ou culpado) por programá-las e depende da curiosidade, vontade, dedicação e busca de informação em fonte confiável para encontrá-lo. Não por acaso, Tiago, irmão do Mestre, assim interrogou em sua carta:

De onde vêm as guerras e contendas que há entre vocês? Não vêm das paixões que guerreiam dentro de vocês? (BÍBLIA DO EXECUTIVO. Tradução: Valdemar KroKer. São Paulo: Editora Vida, 2004. p. 1183)

A multidão assentada, assistindo atentamente o desenrolar das cenas. Em poucos segundos, ia dos berros à gargalhada, da ira à excitação, da revolta e sentimento de vingança à compaixão. A grande maioria conhecia os principais personagens, identificavam-se com uns e nutriam ódio mortal por outros, mas muitos destes desconheciam e nem sequer perguntavam quem, de fato, estava por trás da história tão empolgante, emocionante, envolvente e também cruel e cheia de reviravoltas imprevisíveis.

O espaço de reprodução cinematográfica era apenas mais um entre os milhares de salas comerciais utilizadas para essa finalidade ao redor do mundo. Atores famosos são prestigiados pelos fãs que, por estarem tão envolvidos com a trilogia, fazem apologias a seus prediletos e arrogam para si identificação com eles.

Enquanto todo cenário se desenrola e os cinéfilos promovem seus personagens favoritos, um indivíduo essencial que não aparece no longa-metragem, causador de toda a história, passa sem ser notado pelo público: o roteirista.

ONDE A CENA INICIAL ACONTECE

As sequências previamente organizadas das cenas expostas na tela que ocasionaram toda aquela mesclagem de sentimentos foram fruto da escrita organizada por um roteirista. Ele quem nomeou e caracterizou os personagens. A ele pertence o enredo, os fatos que ocorrem, como ocorrem e por que ocorrem, bem como o desfecho final do filme.

O fio por ele tecido desencadeou uma sequência de formatações, movendo um batalhão de profissionais e uma infinidade de objetos que, regidos e embasados em seu fundamento textual, deu vida à ambiguidade, críticas, disputas e todo sentimento expresso em palavras, ações e reações dos telespectadores.

O que passa na mente passa na vida.

Quando Narciso, síndico do edifício novo, constatou rachaduras nas paredes do prédio, preocupado com a aparência do imóvel e com os rumores que surgiam mais rápido que as pequenas trincas, contatou um importante engenheiro civil para averiguar potenciais riscos e sugerir soluções imediatas para resolução dos eventuais problemas.

O profissional, profundo conhecedor do ramo da construção, principiou em tom rigoroso: "O que se vê não é seu grande problema"!

O que foi dito se constatou: equipamentos comprovaram que o alicerce estava cedendo de modo acelerado porque não fora preparado adequadamente para uma construção de grande porte e que empresários e investidores, mal intencionados, ignoraram conscientemente as limitações do imóvel e não preparou de maneira adequada o antigo aterro sanitário.

As imagens que partem da sala de projeção e são refletidas na tela para o auditório foram projetadas inicialmente. São também repetidas inúmeras vezes na mente do roteirista, anos antes da apresentação ao público.

Mas, o fato é que nos emocionamos, vibramos, reclamamos, praguejamos e até lamentamos o final de um filme. Porém, o quanto podemos aprender com o mundo cinematográfico? Que analogia há entre a arte e a vida?

Convido você, meu caro leitor, a vir comigo nessa caminhada e escrever ou reescrever o roteiro da sua vida e dar o desfecho que você quiser. Afinal, não é lamentável quando um filme termina de um modo que não esperamos?

Então, escreva o seu do seu jeito.

A MENTE POR TRÁS DO ARTISTA

Onde as ideias nascem? Onde crescem, florescem e frutificam?

Assemelha-se o terreno à mente do indivíduo, podendo ser o solo cultivável ou improdutivo.

Escritores, desenhistas, inventores, entre outros, são indivíduos os quais tem a mente fértil, sendo um talento nato ou condicionado propositalmente para produzir tal resultado.

Uns tem pequenos flashes em sonhos e produzem grandes obras literárias, artísticas, cinematográficas; outros têm uma ideia brilhante e desenvolvem um projeto revolucionário; outros recebem dicas de terceiros que transformam suas vidas e a de seus semelhantes. Ainda tem aqueles que começam um trabalho comum e, como artista ao pincelar pacientemente um belo quadro, realizam obras fascinantes em longo prazo.

Há também aqueles cujas sementes são lançadas em formato de ideias ou implantadas no subconsciente em sonhos ou em momentos de reflexão. Porém, o território não é protegido nem fertilizado de modo que essas pessoas são roubadas ou perdem as oportunidades de obter benefícios oriundos do solo mental. Em contrapartida, produzem espinhos e plantas venenosas.

A MENTE DIVERSIFICADA

Só existe uma mente! Isso talvez seja inconcebível para alguns dos leitores. Porém, irei facilitar a compreensão para que tenham acesso a esse profundo estado de consciência:

Temos um único solo, onde em cada parte apresenta uma tonalidade, consistência, utilidades e peculiaridades específicas. Mesmo nos continentes, separados por águas, não se pode negar que o solo está sob a superfície, unindo-os.

De igual modo, só existe uma mente que é individuada e, mediante suas peculiaridades coopera, ou deve cooperar, para o bem do todo.

As evoluções científica e industrial, por exemplo, evidenciam a Mente Única, pois cada descoberta e progresso apoiam-se nas investigações anteriores.

Você pode reclamar ou se beneficiar com o terreno arenoso ou alagadiço, com o solo rochoso ou séquito. Tudo tem a ver com a utilidade que se dá à terra. A mesma percepção que se dá a uma faixa de terra também se aplica a sua mente.

Nessa jornada, você será, não somente roteirista, mas também diretor, cinegrafista, figurinista, cenógrafo, produtor executivo, editor, técnico de som, ator, expectador, a crítica, etc.

Todos se conectam em um único filme como os tipos de solo se conectam para dar forma à Terra.

Você o produzirá do seu jeito, como sempre fez! Porém, poderá, de uma vez por todas, ter como objetivo um final feliz e, dessa vez, obterá resultados fabulosos.

Não venho dizer necessariamente algo que em efeitos práticos você não tenha executado. O que você vivencia, assentado confortável ou desconfortavelmente na poltrona do comodismo, expressando emoções conflitantes entre si ao visualizar projeções fantasiosas criadas pela mente, não refletem a verdade.

É provável que não tenha percebido, mas o drama, suspense ou terror que você causou, que te causa sensações estranhas e em que assumistes o papel de vítima foi por você criado. Não obstante, culpastes a todos os personagens a sua volta porque esquecestes o responsável pela criação do roteiro, que é você mesmo.

Chegou definitivamente o momento de desempenhar o papel de protagonista e fazer o filme da sua vida dar certo ainda que tenha sido até então o vilão, a vítima ou um mero figurante no filme alheio.

O corpo expressa reações do que é transmitido na tela

DENTRO DA SALA DE CINEMA

Em 2003, fui ao cinema assistir a um filme cujo baixo investimento, tornou rentável para o criador.

Mas não se engane: para minha esposa, para mim e os que conosco estavam foi um fiasco. Um enredo cafona, cansativo. Difícil até caracterizá-lo e classificá-lo.

Um casal levantou-se e saiu da sala aos quarenta minutos de filme insatisfeitos com o longa-metragem. A sala quase vazia era evidência da não atratividade da trama. E, dos que ali estavam, muitos telespectadores saíram sem ver o final.

As projeções são realmente assim: repelem ou atraem, alegram ou enfurecem, causam prazer ou desgosto. No entanto, é impossível evitar as projeções, quer sejam elas boas ou más. Cabe, então, ao roteirista criar um excelente enredo que desperte a atenção do indivíduo que irá prestigiar a arte, fazendo-o com que promova gratuita e prazerosamente seu precioso trabalho.

Você é roteirista e o expectador.

Às vezes, você gostaria de sair de cena e abandonar a sala porque a trama não lhe agrada? Não pagou para ver? Não alimentou a ilusão de que seria um bom investimento?

O casamento fracassado, a profissão entediante, as falsas amizades, a área de conhecimento incerta e a religião enganosa foram escolhas de quem?

Miriam, minha esposa, chegou do supermercado com uma novidade, que agregou a esta obra literária, enquanto eu fazia as edições textuais deste livro. Disse-me que encontrou uma amiga na fila do açougue que bufou: "Este mercado só tem carne feia! A gente vai ao mercado lá de cima e tem cada carne bonita. Mas aqui..."

A pergunta de um milhão de dólares: Por que não foi ao mercado onde as carnes são visualmente aprazíveis?

Então, saia do ambiente frustrado, mas saia sabendo que você perdeu e também pode faturar com as mesmas projeções. Pode-se tirar proveito das inconveniências, o ideal seria selecionar novas e melhores imagens, histórias, lojas, músicas e personagens.

A escolha é sua!

ONDE TUDO PODE SER SENTIDO

Na sala de cinema, acompanhando atentamente o entrecho projetado à sua frente, se vive e revive emoções reais alimentadas por histórias não necessariamente reais, fruto de uma mente fertilizada, do imaginário do criador do roteiro.

A trama por ele traçada, encenada por atores e atrizes, embelezada pelos demais profissionais de um estúdio cinematográfico e exibida pelo projecionista ao causar reações distintas nos mais variados públicos é sinal de conexão entre as mentes individuadas.

Nem tudo que é sentido provém de verdades factuais

Minha esposa se revolta às vezes quando vê uma personagem com desvio de caráter, maquiavélica, fria, agindo sordidamente pelo seu benefício em detrimento ao prejuízo alheio. Nessas ocasiões, ela parece alimentar um ódio mortal pelo ator ou atriz em particular.

Em alguns momentos, percebendo a tensão dela e o posicionamento em favor de uma personagem em desvantagem, interfiro e digo:

– Calma! É só um filme. Nada disso é real. Eles provavelmente estão rindo e comemorando juntos, enquanto você está sofrendo a dor de um em particular.

Você vive aquilo vê

Se nutríssemos o sentimento de que estamos vivenciando um curto período de experienciação de sentimentos e práticas numa das salas universais, denominada planeta terra, não reagiríamos tão negativamente frente às atitudes dos atores que contracenam conosco.

OS CINCO SENTIDOS

Os sentidos são portais dimensionais entre corpo e mente. São canais de entrada e saída de informações, são rotas de conexão entre o mundo interno e o externo. A ignorância ao utilizar eficientemente essas vias poderá acarretar prejuízos ao indivíduo. O mau uso dessas vias ou o bloqueio do fluxo de informações que agregam valor ao telespectador, que não trazem os resultados que se esperam para o seu interior, certamente será contraproducente.

Dos mais de mil cânticos de Salomão, seis deles têm como pano de fundo uma festa de casamento. No sexto e último cântico, o compositor escreve:

"Temos uma irmãzinha que ainda tem seios pequenos. O que faremos por nossa irmãzinha quando um rapaz quiser namorá-la? Se ela for uma muralha, nós a defenderemos com uma torre de prata. Se ela for uma porta, nós a reforçaremos com sarrafos de cedro" *(NTLH,Cantares 8.8-9)*

O sábio ressalta aqui a importância em cuidar das vias com as quais nos comunicamos com o mundo. Se ela for uma porta, se abrir para qualquer um, nós a protegeremos bloqueando o acesso; mas se ela for um muro de proteção, não teremos menos cuidado. Muito pelo contrário, vamos fazer uma fortaleza.

Não se pode descuidar em hipótese alguma.

As rodovias da alma necessitam de intenso monitoramento e cuidado

VISÃO

Não importa o que se põe diante de seus olhos. Boas ou más imagens são sementes que germinarão, crescerão, produzirão e apresentarão experiências físicas no indivíduo.

Um dos relatos intrigantes citados na Bíblia faz referência ao profeta Elias. Fugindo de sua arqui-inimiga Jezabel, jurou matá-lo em um prazo máximo de 24 horas. O personagem fugiu para o monte Horebe e deteve-se em uma caverna da região.

Vitimando-se ante as fortes ameaças e perseguições, enfatizando ser a última bolacha de do pacote profético, recebe orientação divina para se posicionar fora do esconderijo. Cumprindo Elias a orientação divina, um cenário se desenrola diante de seus olhos conforme o escritor relata em 1 Reis (19:11-13):

"E Deus lhe disse: sai (para fora), e põe-te neste monte perante o Senhor; e eis que passava o Senhor, como também um grande e forte vento que fendia os montes e quebrava as penhas diante do Senhor; porém o Senhor não estava no vento; e depois do vento um terremoto; também o Senhor não estava no terremoto[...]e depois do terremoto um fogo; porém também o Senhor não estava no fogo; e depois do fogo uma voz mansa e delicada. E sucedeu que, ouvindo-a Elias, envolveu o seu rosto na sua capa, e saiu (para fora), e pôs-se à entrada da caverna; e eis que veio a ele uma voz, que dizia: Que fazes aqui, Elias"? (BÍBLIA OBREIRO APROVADO. Tradução: Almeida Revista e Corrigida. Rio de Janeiro: CPAD, 2011. p.450).

Três elementos naturais expostos diante do profeta são citados pelo escritor: vento, terremoto e fogo. E, nas três expressões curiosamente, é feita a mesma afirmação: *o Senhor não estava...*

O autor restringe no texto acima um dos atributos que confere status de divindade ao Criador: a onipresença.

Mas, porque um povo que afirma a presença de Deus em todos os lugares aceita um texto que assegura claramente a ausência dele no terremoto, no vento e no fogo?

Algumas projeções não têm a participação de Deus, embora seja concedido ao pequeno criador o direito de experienciar quaisquer sensações que assim quiser, inclusive as desagradáveis.

Há projeções que não condizem com a verdade. São interpretações equivocadas, leituras malfeitas, reações advindas de criações mentais, do devaneio humano, da percepção momentânea, do drama imaginário, da visão egoica individualizada. E todas serão sentidas, ainda que sejam irreais.

A visão humana está focada em alguma das telas mentalmente criadas pelas impressões e expressões físicas, prazer ou amargura, a gratidão ou a ingratidão. Todos os retornos que obténs estão diretamente relacionados com as histórias humanamente criadas, colecionadas e editadas sob a perspectiva de vida do indivíduo.

Assim na tela como na mente

OLFATO

Todas as cenas, acontecimentos, sons, objetos e características dos personagens têm como propósito transmitir mensagens, sejam estas interpretadas e aplicadas corretamente para o fim que se destina, quer seja pouco ou mal-entendida, ou não seja possível o indivíduo compreender absolutamente nada do início ao fim.

É indiferente se os atos são reais ou imaginários, se foram ensaiados ou improvisados, decorrentes da reação espontânea do personagem aos acontecimentos anteriores. Esses atos provocam uma sequência de reações em cadeia. O que a mente absorve e alimenta, o modelo por ela percebido, será manifestado fisicamente por palavras, ações ou expressões.

O imaginário humano é capaz de perceber o odor ao ver um cenário nojento, pútrido ou uma carnificina. Ainda não se sente o cheiro do alimento ou de um animal em decomposição enquanto uma película é projetada, mas estamos vivendo em um cenário entrelaçado onde ficção e realidade se misturam.

O cheiro de fumaça (ou de queimado) no ambiente escuro levaria os cinéfilos a saírem da sala imediatamente, tomados pelo choque de realidade. Tumultos ocorreriam e possivelmente alguém seria pisoteado. Ação e reação!

Assim, muitos assistem passiva e confortavelmente. Vivem a vida a dramatizar inverdades, a discutir e polemizar histórias fictícias e a sofrer a dor de personagens que conduzem muito bem a peça, mas é só um cenário montado para iludir os incautos.

Um princípio de incêndio acontece silenciosamente, longe dos olhos do público, enquanto a pipoca salga a boca e as imagens perturbam as emoções dos cinéfilos

O aleijado, maltrapilho, exalando um odor desagradável, se punha religiosamente todos os dias na calçada da grande cidade em um bairro movimentado. Era de doer o coração. Os transeuntes passavam apressados, uns desviavam, outros paravam perante o homem e deixava ali sua contribuição em uma caixa de sapato. O palco sempre pronto, o cenário estava montado e o ator estava em cena.

O que se verificou anos depois, após milhares de moedas em doações, é que o mendigo não era pobre, não passava necessidades. Ele tinha o suficiente não somente para viver, mas também para doar. Então, o velho sumiu!

A arte ensina a vida. Quem tem olhos para ver que veja. Quem tem ouvidos para ouvir que ouça. Quem tem nariz para captar o que cheira bem e o que exala o mau odor que sinta. E, assim, faça suas escolhas conscientemente!

Se onde você estiver, o cheiro não é agradável, ou você está no lugar errado ou você é o errado

TATO

É inacreditável como tomamos partido até no que conscientemente sabemos não ser correspondente com a verdade. Certa vez, presenciei dona Gioconda (nome fictício) sentada no sofá, enfurecida, focada na novela favorita. Sua posição, como se estivesse tentando levantar-se do assento, parecia querer ir até ao televisor e esmurrar a cara da vilã.

Para ela, era inaceitável todo o mal que a personagem fazia. Para mim, era inconcebível a atitude da velha diante de uma simulação.

Já vi atrizes alegarem serem vítimas de xingamentos nas ruas por desempenharem um papel artístico não louvável no conceito da sociedade.

Existem indivíduos que roem as unhas, pressionam as mãos, fecham os olhos em momentos de tensão. É possível reviver na mente com tal exatidão que alguém chega a dizer: "Se fosse eu, pegaria a barra de ferro e dava na cabeça dele".

Ainda falando no sexto cântico de Salomão (Cantares 8. 10), que fez parte da ritualística festiva matrimonial, um trecho era entoado uma afirmativa, especificamente pela noiva:

"Eu sou uma muralha, e os meus seios são as suas torres. Por isso, o meu amado está certo de que estou bem protegida e segura". (BÍBLIA ONLINE, 2011).

No palco montado da vida, vivenciando situações e experiências ensaiadas ou improvisadas, programadas ou aleatórias, deve-se buscar a segurança própria e também a dos demais. Isso é o mesmo que dizer que não se deve apropriar do que não lhe pertence.

Porque se o filme não for o teu, se o roteiro não foi você quem escreveu, estás atuando no trabalho alheio e, em algum momento, poderás vir a ser o vilão e encerrar a carreira, odiado, arrependido de não ter escrito tua própria história.

Plantio e colheita estão acontecendo constantemente. Você é o chão e a semente, é o que planta e o que colhe. Tudo está conectado!

O vento, pássaro, a correnteza ou o homem só transportam a semente de um lugar a outro. Contudo, o solo onde a planta nasce, faz parte de um todo.

As projeções fazem o que tem de fazer: entretém, mas também fixa sementes no solo da mente.

Os filmes não são projetados na parede; eles são projetados na mente humana.
AUDIÇÃO

Existem sete leis universais. A terceira das leis é chamada lei da vibração. Tudo vibra e vibra em frequências diferenciadas, podendo, ou não, ser captada pelo ouvido.

Sendo o universo mental, como afirma a primeira lei, vibrando em várias frequências, não há necessidade de uma pessoa escutar em alto e bom som o que se diz porque a mente capta todas as frequências.

Talvez isso seja utopia para o leitor. No entanto, existem ferramentas que podem ser testadas e, consequentemente, confirmadas tal afirmação.

Os gêneros musicais são provas contundentes dos efeitos causados. Uma trilha sonora macabra e gritos podem causar medo e arrepios. Todavia, esses exemplos são superficiais.

O que foi afirmado acima está em uma camada muito mais profunda e, possivelmente, passará algumas décadas até que a sociedade se conscientize e viva essa verdade.

Mercadorias contrabandeadas entram e saem diariamente, principalmente se não há vigilância

PALADAR

Vanessa pausou a série que assistia, apesar da preguiça de levantar. Dez horas da manhã e a garota não saía da cama por nada, embora tenha acordado muito cedo. Dispensou a caminhada das sete, que por dois anos estava ensaiando com as duas amigas, por uma série que estava por concluir os últimos três episódios.

Preguiçosa e bocejando, por ter excedido demasiadamente o horário de levantar, pesquisa outros filmes e séries para passar mais tempo na cama. Um programa de culinária despertou sua atenção. A jovem optou por assistir um episódio só por curiosidade. Era o empurrão que faltava!

Ao ver um lanche suculento com queijo deslizando pelas laterais, levando consigo fatias de bacon ser preparado nos minutos iniciais, a garota preguiçosa, que se encontrava bem acima do peso, instantaneamente dispara em direção à cozinha para preparar sua comida rápida, lembrando-se do presunto e da muçarela comprados no dia anterior.

Se a pretensão em evitar um alimento venenoso da sua vida, elimine-o rodovia de acesso a mente. Proteja-se. Bloqueie para que não entre pelas portas. Construa uma fortaleza, mas nunca pense que o que você fez já é o suficiente. Os inimigos são astutos; enganam, manipulam, dizem supostas verdades para introduzir sementes malignas no território da mente.

Você é o que você alimenta

Isto é uma prática frequente, inconsciente e instantânea. Você doa e recebe ao mesmo tempo, simultaneamente, vinte e quatro horas por dia.

O que você busca está também à sua procura. As frequências vibracionais são como uma torre em pé: quanto mais você subir, mais aumentará seu campo de visão.

VOCÊ CONTROLA OU É CONTROLADO

Indubitavelmente, conhecimento é poder. Há um sistema de manipulação mental operando de forma organizada e escravizadora.

O cão, preso pelo próprio dono a uma corrente delimitadora de território horas a fio, recepciona-o com alegria, apesar dos sucessivos números de ralhas

Assisti a um documentário que fazia menção a torres em região montanhosa florestal. A área atualmente não é civilizada, mas existem evidências de que, há algum tempo, um povo habitou naquelas terras. O que ficou lá como herança para as próximas gerações foram edificações. Nos pontos mais altos, é possível ter contato visual com a outra torre. Especialistas afirmam que o objetivo dessas construções era manter o povo em alerta contra possíveis invasores, mesmo em uma extensa cadeia de montanhas onde a visão panorâmica era comprometida pelo relevo.

Acaso não é de cima que se monitora a Terra?

TRÊS NÍVEIS DE CONSCIÊNCIA

O homem luta suas guerras, trava suas batalhas e conquista domínios territoriais e mentais com o conhecimento que possui. Quanto mais ascender a consciência, maior será seu poder interior. Quanto maior o poder interior, menor a possibilidade de ser dominado e, quanto menos for dominado, mais se eleva o estado de consciência. É um ciclo virtuoso de evolução continuada.

Você pode culpar o sistema pela escravidão imposta; mas tua libertação é por tua conta

O NÍVEL MATERIAL

A escala das necessidades humanas, proposta por Maslow, psicólogo norte-americano (1908-1970), pontua taxativamente o quanto o homem está limitado pelo sentimento de falta e, consequentemente, se pode inferir, por menor que seja a capacidade de abstração do indivíduo, o que o homem é capaz de fazer na finalidade de obter suprimentos para si e para os seus. *(CABRAL, Gabriela. Maslow e as Necessidades humanas. Mundo educação, 2020).*

O cão festejou porque o dono, que o deixou preso e faminto, lhe trouxe um pouco de ração

A política do pão e circo recebe novas formatações. Discute-se por tudo, mas alguns temas não sofrem alterações. Política, religião e futebol (pelo menos no Brasil) são os pilares das discussões (evidenciando a política nos últimos anos devido ao avanço do conservadorismo).

É lamentável quando se trava uma guerra política entre o campo ideológico e materialista, como se a solução para os problemas sociais estivesse no mundo material. Ainda mais grave é ver soldados combatentes em uma guerra sem vencedores.

O leão alfa vangloriou-se porque a alcateia dominou o cervo; mas no dia seguinte, perdeu o grupo para o invasor e saiu ferido, envergonhado e solitário

As soluções para os problemas do universo materialista encontram-se nos níveis superiores. Olhar para cima é um arquétipo, um símbolo que representa a busca por auxílio superior. O desmotivado, o doente e o envergonhado tendem a olhar para baixo como sinal de prostração.

Diferentemente desses, o esperançoso, o alegre, o saudável e o motivado são exemplos de pessoas que estão de cabeça erguida. São pessoas que estão em um nível de consciência mais elevado, apesar de estarem sujeitos aos males mundanos.

O NÍVEL MENTAL

O motorista de um sprinter de passageiros que acabara de me ultrapassar, excedendo os 120 km/h, limite máximo da rodovia, desacelerou rapidamente na via cujo fluxo de veículos estava favorável aos mais apressadinhos. Julguei sua atitude pelo fato de que a menos de um minuto o condutor me apressava solicitando passagem. Diminuí a velocidade, por força maior, criticando mentalmente sua ação porque observei que os carros nas faixas à nossa direita prosseguiam seu fluxo normalmente.

Enquanto resmungava internamente, o trânsito praticamente parou. Após algumas centenas de metros de lentidão, percebi que a ação do apressado profissional do volante estava correta e que estando ele numa altitude superior em relação a minha, foi capaz de antecipar-se evitando possíveis acidentes.

Quanto mais nos aproximamos coletivamente do topo da pirâmide, mais próximos ficamos uns dos outros

Esqueça a pirâmide materialista! A pirâmide construída pelo sistema secular só favorece seus construtores. Seu projeto é horizontal, tem a ver com chegar primeiro. Isso implica em derrubar o que está na frente, pisar os que caíram e devorar a maior fatia.

O nível mental de consciência tem ideal mais elevado, estabelecimento de parcerias e consciência social. O ideal é mais nobre.

Porém, aqui reside um grande problema: se toda busca por respostas encerrar nesse nível e o homem direcionar ou concentrar todo o aprendizado no mundo da matéria, poderá frustrar-se ou, ainda, encarcerar aqueles que estão no nível anterior, condicionando-os como animais presos à espera de favores.

O nível mental é um *upgrade*. E quem se eleva a tal ponto tem conhecimento suficiente para bloquear e desbloquear as vias de acesso para interiorizar e exteriorizar o que se tem por objetivo.

Não há dúvidas de que uma grande sensação de liberdade é aprender a dirigir. Talvez o leitor, por ter o hábito de dirigir, atualmente não dê tanto valor à condução de um veículo. Porém, a sensação de estar no controle é muito melhor do que viver na dependência.

O filme é seu. O veículo é a sua vida. As fronteiras estão acessíveis. Assuma o papel principal. Se sente no banco do motorista.

A chave lhe está sendo entregue, faça o seu caminho. Sua mente é a chave e você é o caminho

Todos os elementos que se projetam dizem respeito a você. Todos se conectam porque vibram na sua frequência; e você, na deles.

Para o indivíduo que se elevou ao nível mental e hoje se encontra frustrado porque, sob sua ótica, tudo se resume na matéria ou se recusa persistentemente ascender à espiritualidade para não lançar luz nos espaços sombrios da alma e ter de trabalhar os conflitos interiores. Vale ressaltar novamente a importância de buscar na dimensão superior as respostas não encontradas nas dimensões abaixo.

Evoluamos ou repetiremos eternamente os mesmos erros

O NÍVEL ESPIRITUAL

Essa é a barreira "intransponível" para muitos. O tema, trocado em miúdos, assusta até fervorosos religiosos, se descrito como realmente é.

Não saber disso ou não existir provas científicas desse plano, faz com que o público materialista (que não somente acreditam em tudo que se limita à matéria, mas que também buscam apenas conhecimento voltado para e dentro desse plano) concentre suas expectativas no governo ou na religião. Projetam as possíveis soluções em terceiros ou perdem definitivamente as esperanças de modo que sensação de dores e sintomas físicos se manifestarão provenientes de distúrbios psíquicos e somatizações.

O corpo exibe imagens turvas dos males reproduzidos diariamente na sala da alma

Todos esses problemas estariam resolvidos, caso o que foi ensinado há dois mil anos estivesse sido absorvido na prática. O caminho foi desbloqueado. Livre acesso garantido.

O véu rasgado de alto a baixo simplificou tudo. O caminho tornou-se tão simples que até os loucos o encontra.

Mas por que parece que coletivamente não avançamos tanto? Por que encontramos inúmeras adversidades pelo caminho? Por que nos apoiamos em gurus, políticos ou em grupos religiosos? Apenas eles têm soluções?

Projeções!

Os bloqueios internos produzidos pelas falsas crenças impedem o progresso. Qualquer empecilho internalizado será expresso no corpo por ação, reação ou não ação.

A incapacidade de acreditar em si mesmo condiciona o indivíduo a procurar a completude fora de seu próprio ser, seja esta busca em relacionamentos amigáveis, relacionamentos amorosos, apoio físico, mental espiritual. E como a vida tende a dar mais do mesmo, permanece então nessa rotina cíclica sem fim.

Como abrir caminhos?

Não entendeste o que foi dito? *"Conhecereis a verdade"* (João 8.32).

O que liberta o homem é o conhecimento da verdade. A frase categoricamente afirmada acima repousa perfeitamente no argumento de que muitos religiosos, seguidores do cristianismo, não estão realmente libertos. Jesus salva, cura, batiza e liberta é uma expressão muito conhecida no meio cristão.

No entanto, o próprio Jesus afirmou ser necessário conhecer a verdade.

Se o indivíduo estiver preso em ideologias, preconceitos e crenças limitantes, buscando soluções apenas no seu campo de visão e recusando olhar sob uma nova ótica, jamais se verá livre dos males que o aflige.

Para a irmã mais velha, é inaceitável que as duas irmãs menores de idade briguem por um boneco velho, descosturado, que custou menos de dois dólares. Isso porque ela cresceu, amadureceu. Sua perspectiva sobre o bichinho não é mais a mesma.

Se o leitor racionalmente compreender que tudo é ilusão, não levará excessivamente a sério os objetos relacionados à matéria. Racionalmente, chegará a conclusão de que a partilha é melhor. Muitos empreendedores, nos últimos anos, têm chegado a essa conclusão. Esse é um dos temas abordados por *"coach"* e palestrantes motivacionais em seminários.

Porém, se o leitor compreender profundamente a nulidade do objeto, usará o brinquedo, zelará dele e guardá-lo-á com cuidado, mas não sofrerá pela perda do brinquedo. Não irá rivalizar-se com outrem e prezará pela harmonia entre todos.

Esse é o passo mais alto que se pode dar, olhando da perspectiva da terceira dimensão, pois é impossível negar de modo racional que, no desfecho da vida, em se tratando do mundo da matéria, nada iremos levar.

Então, pelo que guerreamos nos milhares de dias vividos?

O leitor pode concordar racionalmente comigo, mas ainda que compreenda essa racionalização, se continuar a brigar pelo item infantil, não atingiu a espiritualidade.

E não me interprete equivocadamente. O problema não é o objeto material. A causa encontra-se escondida na sala de projeção humana, internalizada, secreta, acumulada como energia estática aguardando um momento para se manifestar. Por isso necessário é mergulharmos em nós mesmos; aprofundarmos em nosso íntimo e lançarmos luz nos cantos mais obscuros da alma.

"Narciso alimentou por muito tempo uma criatura bravia e desalmada, mantinha-a em grande estima, como uma extensão de si mesmo. Embora empregasse esforços para ocultá-la do público, periodicamente a violenta fera revelava-se impiedosamente fora do esconderijo. Poucos expectadores se atemorizavam; a maioria observava atentamente, a tecer críticas, porém ninguém se dispunha a livrá-lo animal desumano que devorava o pobre homem". *(KALL, Claudiney. Sobre os maus sentimentos, 2019).*

Quem domina o animal no interior da caverna não será devorado, caso a fera venha externar

AS REAÇÕES DO PÚBLICO

Já dizia a música do cantor Roberto Carlos, composição de Roberto e Erasmo Carlos: "Se chorei ou se sorri, o importante é que emoções eu vivi" *(CARLOS, Roberto. Emoções)*.

Durante a pandemia, após a gravação de um culto ao vivo na igreja, passei, a convite do pastor, em sua casa que estava em reforma. Revivi, durante a visita, o longo período em que trabalhei na construção civil. Um dos objetos que mais me fez recordar (acredite se quiser!) foi uma marreta, de cabo alongado, encostada em um canto da obra próximo à porta. Enquanto me lembrava das fortes marretadas nas paredes e do prazer em ver parte das estruturas caírem, um pensamento saltou subitamente para interromper aquele momento nostálgico: Como pode um tempo tão difícil, de excessivos esforços, de condições insalubres e poucos ganhos, após ficar no passado, ao ser posteriormente lembrado, eu qualificá-lo como bom?

Fazemos isso repetidas vezes!

As projeções instantâneas são as que causam maior instabilidade emocional, reações conturbadas, apreensão, alegria, amor, ódio. As projeções são como andar na corda bamba, mas, após pisar em solo firme, a insegurança e a oscilação acabam ou diminuem.

Enquanto você assiste a um filme, principalmente pela primeira vez, terá várias reações. Porém, com o passar do tempo ao lembrar-se dos elementos, do enredo ou dos personagens a ele pertinentes, não importando o quão emocionante foi, jamais irá obter as mesmas reações. Nesse último momento, o olhar será mais racional e menos emotivo.

As projeções estão ocorrendo em tempo real. Mas nem todas elas são reais. São projeções imaginárias, fantasiosas. Muitas destas são como um filme de terror. O filme roda na mente e projeta no corpo.

Estela, Jussara e Neive executavam diariamente as mesmas tarefas. Neive, poucos dias após sua chegada, atentou-se para o fato de que Jussara iniciava seu trabalho todos os dias com minutos de atraso. Apesar da bela recepção e do calor humano no ambiente, a novata rompeu o silêncio extravasando sua ira contra a atrasada, sem conhecimento de causa.

A verdade é que Jussara tinha um trabalho muito maior a realizar em si mesma (e a este se dedicava) antes de iniciar a faxina. A limpeza no prédio era apenas um trabalho secundário, um efeito colateral.

Construa sua própria casa; mas não se esqueça de construir a si mesmo

E pouco importa a diferença entre realidade e ficção, pois o cérebro identifica os sinais enviados pelos sentidos ou oriundos dos pensamentos como verdadeiros.
Estaria o compositor do Salmo (101, 3) ciente dessa informação e por esse motivo escreveu:
"... não porei coisa má diante de meus olhos"? (BÍBLIA DO PESCADOR. Tradução: Vasti Rodrigues e Silva e Karen de Andrade Bandeira. Rio de Janeiro: CPAD, 2014. p. 642).

O FILME DA SUA VIDA

Qual filme você está vivenciando? Quais sentimentos você está expressando a maior parte do tempo? Quais são seus pensamentos frequentes? Para onde você está olhando? Para quem?

"Vigiai e orai" imperou o Mestre. *(BÍBLIA DO PESCADOR. Tradução: Vasti Rodrigues e Silva e Karen de Andrade Bandeira. Rio de Janeiro: CPAD, 2014. p. 1025).*

Vigie seus pensamentos, observando atentamente seus sentimentos. Vigilância significa estado de atenção! É saber o que está acontecendo e porque está acontecendo! Após o estado de alerta é que se deve aplicar a segunda sentença: orai.

Aprendi algo prático não ensinado na teologia cristã: meditação e oração.

Em minhas orações particulares, além de pouco me expressar em palavras, nada peço nem me precipito manifestando qualquer desejo. Apenas tento me desligar de tudo silenciando a mente e deixo o Criador expressar-se em e através de mim.

O resultado é fenomenal! Além das verdades que me são expostas, sempre termino com uma alegria inexplicável: prova real de que meus pedidos em forma de pensamentos e sentimentos foram atendidos.

Feche a porta na oração. Engana-se quem interpreta as palavras do Mestre apenas literalmente. Fechar a porta é sinônimo de bloquear as entradas para que os pensamentos que não acrescentam e não edificam e não te agradam não mais te perturbem.

Vejo muitas pessoas que afirmam falar com o Criador. No entanto, não param para ouvi-lo em seu interior. Apenas desabafam! Apenas sofrem os males na sala do materialismo. Não se elevam.

"Eu vim para que tenham vida" *(BÍBLIA DO PESCADOR, Tradução: Vasti Rodrigues e Silva e Karen de Andrade Bandeira. Rio de Janeiro: CPAD, 2014, p.1134)*, segundo João, afirmou Jesus Cristo. Essa afirmação de Cristo, poucos de seus seguidores atuais compreenderam e aplicaram.

No campo teológico doutrinário, estudantes e professores concentram-se, em muitas situações, tão somente na parte teórica, distanciando da comunhão entre grupos religiosos, devido às diferentes interpretações.

Até estudos bíblicos voltados à teologia prática nem sempre possuem o efeito que deveria porque o sistema religioso se retroalimenta.

Ele veio para se expressar através de você, para que você seja feliz, para que seja o protagonista brilhando lindamente, para que você seja um astro em posição elevada em um lugar de destaque. Para que você seja senhor de si mesmo, seja cabeça de suas próprias emoções. Para que o não versado faça apologias diante de doutores. Para que o profissional de saúde, ao reconhecer as limitações medicinais, se renda ao reino espiritual e o poder de cura divino. Para que as pessoas desprezadas pela sociedade alcancem seu espaço no convívio social. Para que aquele que buscam completude de vida, nas coisas, bens ou pessoas encontrem-na em si mesmo, descubra o precioso tesouro guardado onde ainda não procurou, onde nunca pensou que iria encontrar. Para que o maior seja exemplo vivo de humildade e para que o menor reconheça quão grande é.

Que gênero você dá a seu filme? Terror? Suspense? Comédia? Drama? Ação? Ficção Científica? Uma mistura de todos os gêneros?

O filme é seu! Você está escrevendo o roteiro com seus pensamentos e sentimentos, sua percepção de mundo, suas ideologias. Tudo em que você crê, sua sabedoria, sua ignorância, seus preconceitos, suas fantasias, palavras e ações estão dando continuidade ao roteiro, contribuindo para cada cena agregue para o desfecho final. Mas qual será o final? Vida ou morte? Você consegue ver como será o desfecho? Como terminará para você?

Algumas pessoas soltam as rédeas da vida, deixam-na desgovernar e chamam de acaso ou vontade divina. A vontade de Deus é que todos sejam equilibrados, vivam felizes, se alimentem bem, tenham excelentes relacionamentos. Mas o universo é delineado por leis. E todas as vezes que alguém tropeçar nessas leis sofrerá as consequências da lei a qual desafiou.

Um precipitado nadador insiste a 7 km/hora aventurar-se rio acima nadando contra a correnteza a 10 km/hora

Uma árvore não se recusa a crescer. Obviamente que ela pode não crescer por falta de nutrientes ou energia suficientes, mas não vai negar-se a cumprir seu propósito como planta; tão pouco seu tronco e seus galhos irão inverter suas posições com as raízes por que o processo natural é que os galhos cresçam acima do solo e as raízes, que absorvem água e sais minerais, aprofundem no solo.

A natureza ensina o homem que se permite aprender

É preciso aprender as regras do jogo. As instruções universais fixadas na natureza. Quem tem olhos para ver, que olhe para os pássaros e lírios. Quem tem ouvidos para ouvir, que ouça os sábios ensinamentos da criação.

O aparelho de rádio apenas sintoniza a frequência que for escolhida pelo ouvinte, o telespectador se assenta para acompanhar o filme que consentiu assistir, o ator se propõe a executar as atividades e o personagem a ele conferidos, inclusive o de vilão ou de um mero figurante. Porém, o criador do roteiro determina o final de cada personagem.

Lembre-se: no filme da sua vida, você será, não somente roteirista, mas também diretor, cinegrafista, figurinista, cenógrafo, produtor executivo, editor, técnico de som, ator, expectador, etc...

Não está gostando do roteiro? Refaça-o daqui em diante!

Você é quem permite que o sistema diga quem você é, o que pensa, do que gosta e das coisas que precisa, quem confere autoridade às pessoas à sua volta para dizer como se comportar, o que vestir e o que comer. Você terceirizou o roteiro. A responsabilidade é sua, o filme é seu, você é o diretor.

Gostas das roupas que vestes? Como se sente quando usa as vestimentas que lhe estão disponíveis? Se sente bem ou fica apreensivo, temendo a não aprovação dos demais? Teu figurino, como um todo, te agrada?

E as músicas que escutas, são definitivamente escolhas suas ou meramente modinhas que lhes dão status de alguém moderno, atualizado, mas está distante de ser autêntico? As letras e melodias agregam sua vida ou a trilha sonora também foi terceirizada? O cenário onde estás, os lugares por onde andas e as pessoas com quem estás agradam-te? São fruto das escolhas que fizeste ou é trabalho demais para você?

Fui contatado no final de 2018 por Milena (nome fictício), uma jovem senhora que havia rompido o casamento. Ela encontrava-se desiludida, achava impossível encontrar uma pessoa do tipo que queria. Quando lhe perguntei o tipo de namorado que ela estava procurando, fiquei surpreso. Eu acompanhava a distância sua vida. E foi exatamente por isso sua resposta me surpreendeu! Quando ouvi falar que procurava um cara que a respeitasse, não me contive, tive de lhe perguntar:

– Em que ambiente você o está procurando? Os figurinos utilizados por ti impõem respeito?

A resposta dela foi enfática:

– Melhor deixar isso pra lá. Não toca nesse assunto.

Tudo o que somos e as coisas que utilizamos são meios de comunicação com o mundo, são imagens e mensagens que projetamos e estas, consequentemente, dirão muito sobre nós

O que o seu personagem está revelando? Tudo tem um propósito específico na tela. Você tem o seu ou faz parte do propósito alheio?

Você também se assiste! Reage aos diferentes personagens que interpreta, sente as emoções, vive e revive cenas agradáveis e outras que gostaria de apagá-las. Mas o que fazer se todas as cenas estão sendo improvisadas ou se concedeu permissão a terceiros escrever a tua atuação? Deixou outrem descrever teu perfil segundo seu parecer?

As reações ao teu próprio personagem te são agradáveis de assistir? Está feliz ou triste com tua atuação, com o desenrolar da história? Está empolgante ou já pensou em se retirar do local?

O direito outorgado a outro não exime o concedente da responsabilidade

AS PROJEÇÕES

As emoções se apresentam, os sentimentos são revelados pelo estado emocional que foram provocados a partir de ações e reações pessoais e alheias. Consciente ou inconscientemente, você escolheu entrar no ambiente e assistir a trama. Você adquiriu o ingresso, escreveu ou permitiu a alguém escrever o roteiro.

Se o leitor já entendeu o recado, deve ter chegado à conclusão de que as projeções não são esporádicas, ocasionais nem são obras do acaso. Elas podem ser até irracionais, inconscientes, mas acontecem o tempo todo, em todas as ações ou como reflexos dos atos alheios: quando você elogia ou reprova alguém; quando você julga e demonstra preconceito; quando se compara, rotula ou é rotulado; quando você admira alguém; quando modela uma pessoa importante.

Amor, ódio, inveja, gratidão, ingratidão são projeções vivenciadas em tempo real. Nas reflexões, nas preces, nas pregações em que se aplica mentalmente a mensagem a alguém ausente, nas postagens em forma de indireta. Nem mesmo nas horas de sono, elas deixam de acontecer.

As projeções são e acontecem como resultado da visão de mundo do indivíduo em que atos, fatos e ponto de vista do expectador sobre acontecimentos relacionados vão levá-lo a sentir e agir, são expressas cada vez mais em somatizações. Projeção é o montante emocional de tudo o que passou e do que está vivendo, contribuindo para tudo o que virá.

Os pensamentos e sentimentos podem ser tão reais e enganadores para o observador quanto às sombras projetadas no interior da caverna são para quem não conhece nada além daquela realidade

PROJEÇÕES INDIVIDUAIS

A perspectiva em relação às pessoas refletirá no indivíduo que faz tais projeções. Se, ao visitar ou lembrar-se de um doente, o visitante internalizar sua aflição, sofrerá como ele. Semelhantemente ao contemplar a felicidade de alguém mediante uma conquista, poderá também alegrar-se ou então ressentir-se de seu sucesso.

Projeções são espelhos que apresentam elementos, virtudes, características e defeitos do observador. São ecos da alma que repercutem a todo instante para o bem ou para o mal. São armas de defesa da alma, barricadas mentais que dificultam o acesso de infiltrados, embarcação encouraçada que dispara impiedosamente suas pesadas munições contra o inimigo, enquanto protege, a todo custo, o seu interior.

Jhosh, proprietário da mansão no final da rua, gabava-se de seu imponente imóvel com fachada que sobressaía a vista e causava boa impressão. O casarão despertava a atenção dos transeuntes enquanto Jhosh, que havia economizado recursos no alicerce para empregá-los na estética e nos adornos, tecia críticas previamente ensaiadas ao vizinho ao lado porque sua casa modesta ainda não estava concluída.

O precavido vizinho muito investiu na fundação, deixando a residência sem os toques finais, como reboco e pintura, por vários anos.

Os discursos depreciativos de Jhosh e a casa ao lado tiveram fim quando surgiram enormes fissuras nas paredes da mansão porque ela havia sido construída sobre um pântano.

Os recursos não empregados na fundação serão gastos na maquiagem

Diariamente projetamos nossos defeitos, nossas objeções e imperfeições. Falhas internalizadas em nós são reproduzidas constantemente e exibidas na tela alheia.

Pedro fala de Pedro, Paulo fala de Paulo, e você fala de quem?

O olhar egoísta exibe os defeitos identificados no próximo assim como o artista expõe o que há em mente em um quadro pintado.

A forte camada que reveste o navio de guerra e o grande poder de fogo disparado contra o inimigo aponta para uma realidade: o que há no interior é frágil demais e sucumbirá se for atingido

Mas não se engane! As projeções não são, de todo, maléficas. Pode se projetar qualquer coisa. É o olhar da pessoa que irá determinar se a projeção é boa ou má. As sábias projeções são como tachas refletivas fixadas no caminho para delinear o percurso pretendido. Com o roteiro definido, o condutor (ou o diretor) pode facilmente se antecipar e executar as manobras necessárias, perceber o desvio quando transpassar as linhas de demarcação, além de estabelecer limites de velocidade agindo com maior precaução.

Sabedoria consiste em absorver as coisas simples da vida e aplicá-las de modo prático nas mais complexas

Recentemente, tive de ensinar uma tarefa a um novato. Foi um desafio e tanto! O trabalho precisa de muita habilidade prática. Como o aprendiz sabia que havia uma meta específica a atingir, não dava atenção ao modo operacional, o que dificultava o aprendizado. O rapaz apressava-se para executar a tarefa de qualquer jeito, porém não olhava para mim, nem para o que eu estava falando e fazendo nem como eu estava fazendo.

No dia seguinte, lá estava eu ensinando outro aprendiz. Mas este prestava atenção nas minhas orientações e olhava fixamente para as minhas mãos enquanto eu manipulava os objetos.

O olhar do espectador é determinante nas projeções

Os espias enviados por Moisés voltaram com um relatório com descrições inicialmente similares, porém a ótica de cada um causou duas divergências significativas no tocante à tomada de ações para o avanço e conquista da terra.

Dez dos doze enviados fizeram projeções do cenário segundo suas perspectivas, seus modelos mentais, descrevendo o quanto internamente estavam desconfortáveis, temerosos e assustados (Núm. 13.32-33):

"A terra pela qual fomos espiá-la é terra que consome seus moradores; o todo o povo é de grande estatura. Também vimos ali gigantes... e éramos aos nossos olhos como gafanhotos e assim também éramos aos seus olhos". (BÍBLIA DO PESCADOR, Tradução: Vasti Rodrigues e Silva e Karen de Andrade Bandeira. Rio de Janeiro: CPAD, 2014, p.170).

Note, no texto acima, o relatório dos dez espias e como eles encerram a fala: *éramos aos nossos olhos como gafanhoto e assim também éramos aos seus olhos*. O que fica evidente é que eles se viam inferiores aos demais e, por consequência de seus olhares medíocres sobre si mesmos, assim também eram vistos pelos seus rivais.

O mundo externo se ajusta perfeitamente ao mundo interno

A luz e a escuridão são projetadas do interior, são resultados das convergências e divergências internas, dos desequilíbrios nas estruturas espiritual, psíquica, emocional. É o descarrilamento do trem porque seus três trilhos não estão bem fixados. É a manobra irregular do navio porque seu capitão é imaturo e não treinou adequadamente seus marujos.

Estás fugindo do inferno ou indo para o céu?

O que muitos fazem no interior do cinema é distrair-se, passar o tempo. Não assimilam nada do momento nem absorvem conhecimentos práticos das projeções para agregar à sua vida. Fogem de suas existências medíocres, internalizam personagens ladrões e vingativos porque seus desejos estão voltados para tais práticas, mas permanecem como figurantes nas histórias que estão escrevendo com seus pensamentos e sentimentos e, ignorantemente, chamam isso de destino.

A fuga do mal não significa necessariamente a busca do bem

Jó, personagem bíblico conhecido por sua paciência e pelo bom proceder, temendo que seus filhos fossem vítimas de punição divina como castigo por supostos pecados, antecipou-se, para aplacar a possível ira, cumprindo rituais religiosos não sabendo que seu grande problema residia no medo reservado dentro de si; sustentado na crença na tragédia e punição, consequências de suas projeções relacionadas ao Ser divino.

"O que eu temia me sobreveio; e o que receava me aconteceu". (Jó 3.25)

Para que colhamos os bons frutos como resultados práticos na vida, nossa consciência deve estar elevada, propensa e focada no bem, pois como disse Pedro, apóstolo de Cristo:

"Pois quem alguém quer amar a vida e ver os dias felizes... Aparte-se do mal e faça o bem". (Pedro 3.10,11)

A criança, fugindo do cachorro, avançou precipitadamente para rodovia movimentada

É comum encontrarmos pessoas fugindo da solidão e caindo nos braços da falsidade que posteriormente, terá como resultado o isolamento; outros, tentando agradar a todos para obter aprovação, caem na alienação e se tornam ressentidas, amarguradas e geniosas; ainda há quem muda de cidade para fugir das pessoas más, porém não mudam a si mesmas e nem percebem que estão sendo criadoras do próprio mal.

POR DENTRO DAS PROJEÇÕES

Mas como saber que tudo são projeções, qual meio didático serve como exemplo e o que aprendi com eles?

Para responder a essas perguntas, voltaremos ao início do livro: Assim como todos os tipos de solo estão unidos e, portanto, forma um só terreno, nós também, de igual modo, estamos todos unidos em uma só mente.

Isso significa que não há separação alguma, o que afeta a um, atinge a todos como uma reação em cadeia.

Isso significa que não há separação alguma, o que afeta a um, atinge a todos como uma reação em cadeia.

TESTE VOCÊ MESMO!

Pare por um minuto e pense em um amigo, alguém que você muito ama e; em seguida, em um inimigo, alguém que tenha te causado muito mal.

Quais foram suas reações?

Provavelmente foram antagônicas! Possivelmente o inimigo no qual você pensou causou reações mais fortes se comparadas aos sentimentos oriundos das lembranças do amigo. Não importa quem for o indivíduo: amigos, rivais, conhecidos ou desconhecidos. Todos de igual modo demonstrarão projeções através de pensamentos, sentimentos, emoções e visão de mundo na qual estamos conectados.

Quanto maior a capacidade de abstração, mais consciência há da conectividade entre as pessoas

Quando essa compreensão internalizou em mim, muitos problemas deixaram de existir. A princípio, foi-me um peso enorme. É fato que eu trabalhava com afinco a minha responsabilidade há cerca de três anos, mas essa verdade foi lançada perante minha face, à medida que elevava minha consciência, me fazendo cair na real, como quando o garçom expõe diante do cliente seus gastos abusivos e inconsequentes. Só me restava reconhecer cada atitude que fiz, cada palavra que falei e cada circunstância que provoquei graças à perspectiva que tive sobre pessoas, ações, acontecimentos reais e imaginários.

Confira o pedido e certifique-se de que o gasto se foi, então só lhe resta pagar a conta

Quando o leitor assumir a responsabilidade por seus atos, reações e acontecimentos, não por culpa, pois a culpa só existe na mentalidade ignorante (o sábio converte tudo para o aprendizado prático), começará a crescer. É a dura tarefa humana, no entanto é libertador!

E foi exatamente isso que fiz! Era minha única opção.

QUANDO O VÉU FOI RASGADO

Eu me encontrava em um momento crítico: novos desafios e incertezas. O caminho pelo qual estava seguindo era totalmente desconhecido. Estava profissionalmente estabilizado e em segurança para jogar tudo para o alto e essas dúvidas me conduziram a uma crise existencial sem precedentes. Eu não enxergava um palmo a minha frente. Vi-me totalmente perdido.

Eu havia tomado uma decisão três anos antes, mas o ato de bravura anterior não se comparava ao atual. Talvez, como uma tentativa de evitar um erro de minha parte (ou da deles), meus superiores me fizeram possíveis promessas de transferência de setor. Tudo em vão! Foi muito pior. Causou estragos para eles inimagináveis. Eu estava odiando o trabalho. Nunca havia estado tão descontente. Nunca havia reclamado tanto de ir para o trabalho. Não somente as segundas-feiras, mas também todos os dias!

Agora era para valer! Estava soltando de uma vez por todas tudo o que me aprisionava na zona de conforto e me impedia de caminhar para minha realização profissional. O problema é que não estava agindo da forma correta para alcançar o objetivo.

Como Jonas (personagem do meu livro que será publicado), que tenta sair da prisão, onde ele mesmo havia se metido por meios ilegais. Eu também estava tentando vencer os maus pensamentos e sentimentos da maneira errada e essa cosmovisão má resultou em somatizações.

Estava infeliz com as atividades e com as pessoas, desestabilizado, com projeto de vida escrito, mas sem encontrar uma maneira de alcançá-lo. Tudo imediatamente paralisou na minha vida. E no mundo também! Foi quando teve início a pandemia no Brasil.

Fiquei como cego tateando na finalidade de encontrar um caminho seguro na escuridão. Era um desorientado no deserto. Eu sabia o que queria, mas não como conquistar! E isso só piorava, pois eu tinha de pensar em provisões para a família.

Deixar o certo pelo incerto é uma atitude inaceitável para os acomodados, para os que não creem em si mesmos. Eu não era, nem sou, nenhum pouco acomodado, mas eu tenho família. Logo, teria de ter o pé no chão.

Sair e fazer o que eu amo ou ficar na empresa, infeliz com a atividade exercida, mas prezar pela segurança? Isso me deixou ainda pior.

Como se não bastasse toda a bagunça interna ocasionada por diferentes elementos com um único fator em comum: minha visão dos fatos. Entrei em uma guerra sem vencedores.

Nenhuma disputa vale a pena e, disso, eu sabia muito bem. Mas, por ver os maus prosperarem sobre os bons, decidi intervir do meu jeito, e foi muito pior!

Fiquei como vilão do filme que eu estava escrevendo. Ensaiei mentalmente algumas cenas e me posicionei contra ações reprováveis de pessoas do meu círculo, mas deixei de atentar para o que viria depois e esse foi meu grande pesadelo.

Para que o bem em nós sobressaia ao mal, é necessário elevação da consciência ao plano espiritual. Caso contrário, predominará a sobrevivência do mais forte, a lei da selva no cotidiano humano

Jeremias, um dos profetas maiores, anunciou por vários anos, as tragédias e violências que ocorreriam aos judeus em um futuro próximo. O mal por ele anunciado assumiu tal proporção em sua vida que dominou sua mente de modo que o personagem bíblico vivia apenas pensando em tragédia e morte continuamente, eliminando a perspectiva de um futuro próspero e feliz para nação judaica.

Falei que havia violência e destruição na cidade, mas eu quem internamente estava sendo destruído

Enxerguei, denunciei e continuei a enxergar o erro alheio, entrando na contramão do progresso pessoal, pois nos dirigimos para onde estamos olhando.

Quem se posiciona contra o mal, foca e exalta o mal

Acho muito agregadora a filosofia que preconiza estarmos vivenciando o processo de evolução humana e espiritual. Partindo desse pressuposto, cabe a nós respeitarmos o tempo, o processo e a resistência de cada um nos abstendo, consequentemente, de todo julgamento preconceituoso ou sentença condenatória focando na ajuda mútua sabendo que todos, sem exceção, atingirão o auge do crescimento e maturidade.

DO FUNDO DO POÇO PARA LUZ

A luz surgiu com muita rapidez após dois meses de trevas e fui eu mesmo quem a trouxe para meu interior. Racionalmente, eu sabia que as más projeções refletem o que há em mim.

No entanto, eu parecia ter me cansado de ver O Divino inativo diante de pessoas cujas ações não são louváveis e parecem até desfrutar de imenso prazer ao prejudicar o próximo. Foi como querer fazer justiça com as próprias mãos. Nesse caso, com as próprias palavras.

Que fique claro: meu posicionamento não era contra pessoas e sim contra suas ações erradas segundo meus padrões de convivência. Porém, duas observações precisam ser ressaltadas aqui: para a maioria das pessoas, ao reprovar seus atos, você as reprova e se põe como seu inimigo; e a informação da qual se tem conhecimento racional, ao denunciar o mal, você o promove.

Angustiado, malvisto e aparentemente rejeitado, tive de reconhecer que havia entrado em uma guerra sem vencedores. Não importava quem estava certo ou errado, o mal prevaleceria! O mal do qual estou falando não se refere às atitudes não admiráveis dos indivíduos. Pois sempre que houver rivalidade, disputas ou inimizades entre duas ou mais pessoas, nenhuma delas realmente vence. O mal que impera entre elas prevalece. Porque onde não há luz, a escuridão domina. Mas eu havia escrito aquela parte do roteiro também e, sabendo disso, concluí que poderia escrever mais uma parte para consertar o erro que cometi.

O telespectador, assentado a contemplar uma cena infeliz no filme, não consegue por mais que o queira corrigir os atos do personagem. Mas se ele for o roteirista, por mais que o longa-metragem não termine bem, poderá transformar o bandido em herói na próxima trama.

Reconhecimento dos erros pode gerar pesar, mas o aprendizado adquirido desse reconhecimento, se realmente aplicado, dará um novo e bom direcionamento ao arrependido. Isso é sabedoria

O filho que saiu do convívio familiar com os bens herdados do pai, após perder tudo que possuía, até sua dignidade humana, reescreveu o roteiro, do que parecia ser o último estágio de sua vida, para terminar seus dias como um trabalhador qualquer. Esse reconhecimento, seguido da atrevida atitude de retornar à casa do pai, conduziu-o direto a retomar o posto de filho, com todos os direitos legais.

A não admissão do erro manterá o indivíduo em um círculo vicioso que o levará à morte sem que tenha chegado a lugar algum

Eu sabia que não poderia continuar onde estava, pois tinha me projetado para isso, mas muito pior que ficar onde estava, seria continuar como estava. Eu precisava ter uma boa iniciativa e corrigir imediatamente o papel de vilão que havia assumido.

Eis então o que fiz: Busquei-a!

BUSQUE COISAS MAIS ELEVADAS

Devido ao tempo dedicado à escrita, entre outros fatores, pouco acompanho séries e filmes. Porém, recentemente, influenciado por meu cunhado, Flávio, assisti algumas temporadas de *The 100*.

Dentre algumas expressões enfatizadas nos episódios, a frase acima despertou minha atenção. Talvez pelo fato de, desde minha infância, eu buscar coisas mais elevadas.

Quando cheguei ao fundo do poço que eu mesmo havia criado e me lançado abaixo, lembrei-me desta frase. Era hora de eu colocar em prática o que havia assimilado dessa e de outras mensagens.

Sábio é aquele que utiliza de todos os recursos a seu dispor para sólida edificação de sua própria casa

Se você estiver sem chão, desabando ou, como diz meu amigo Eduardo, descoberto o ideal é, ciente da necessidade premente, trabalhar na obtenção dos recursos essenciais para seu próprio bem.

Como já disse, reafirmo: é necessário elevação do nível de consciência para resolver os problemas do mundo material. As buscas por solução nos níveis de organização da consciência são análogas aos padrões existentes no mundo físico: quanto maior o problema, no mais alto escalão, busca-se a solução.

É um paradoxo inadmissível que o roteirista escreva o roteiro e, durante o filme, peça a Deus que o mude

Tomar conhecimento da realidade, conhecer as causas dos infortúnios, saber aonde quer chegar e levantar os recursos são atitudes extremamente necessárias para realização do filme desejado. Certamente que as ações e emoções devem estar alinhadas com o objetivo final.

Autorresponsabilidade é a palavra da vez. Eu não disse que se deve pedir para O Ser superior descer e resolver o problema nem enviar alguém que o resolva. Não foi isso que fiz. É preciso elevar-se, evoluir, crescer, atingir a maturidade e deixar de brigar pelo brinquedo porque, segundo senso de justiça infantilizado, o irmão tem menos mérito que você.

Você é o roteirista e o expectador, o diretor e o figurante, é o mocinho e o bandido. Você é o figurinista e o cenógrafo. Você é o técnico de som e o editor. Você é o operador de câmera e o projecionista. Você é o criador e o objeto de sua criação.

Quando eu era menino, brigava como menino, discutia como menino, ficava de mal como menino; e quando devia atingir a maturidade, continuei sendo menino

Quem cresceu? Quem evoluiu? Quem de fato desprendeu-se das ilusões do cinema? Quem joga apenas pelo prazer da diversão, entretenimento ou companhia?
Não estamos jogando a partida de dominó, futebol ou baralho da vida fazendo, do que era pra ser um momento de descontração, uma festa sem graça; violenta? Não estamos, porventura, agindo como crianças que não aprenderam a dominar as emoções?

COMO CRIAR SEU MELHOR ROTEIRO

Tenho não apenas dicas ou palpites. Tenho ferramentas que foram, são e serão úteis não somente a mim, mas também a pessoas das mais variadas classes sociais, nacionalidades e crenças.

Indivíduos que transformaram suas vidas, que escreveram e reescreveram suas histórias, mudaram seus personagens e se realizaram no teatro da vida. E tenho o prazer em compartilhar com o leitor que orientei muitos indivíduos a usar tais ferramentas ou similares e aqueles que as utilizaram tiveram resultados proveitosos.

Não se trata de mera técnica. Estas práticas ensinadas por sábios remontam milênios, portanto, são tão antigas quanto a própria humanidade. Os sábios retrataram de seu modo e de acordo com a capacidade de abstração de seus aprendizes.

Elas assumiram diferentes modelos de aplicação, mas a finalidade é sempre levar o indivíduo ao descobrimento de seu poder de criação, a unificação com O Ser supremo.
Esse conceito não é bem aceito na teologia cristã tradicional, porém vem sendo difundida entre os mais abertos ao conhecimento.

Os resultados desse modelo se veem no empreendedorismo onde atualmente sobressaem discursos que prezam pela cooperação e trabalho em equipe (*teamwork*), contrapondo a competição.

As ferramentas são instrumentos de grande valia, ideais para harmonia interior e, consequentemente, para harmonização no relacionamento interpessoal.

O expectador aponta como oponente aquele que for projetado na tela como inimigo

Constantemente na vida, como nos filmes, são alterados os vilões conforme se desenrola a trama. E é comum amigos virarem inimigos e vice-versa, os discursos mudarem porque os personagens mudaram. Mas a ideia de projetar em forma de apontamentos e acusações no "inimigo" os aspectos sombras existentes em nós, permanece. Partimos da convicção de que há alguém errado e que nós não cometemos tal erro.

Enquanto as verdades relatadas me eram reveladas e eu digeria essas informações, lembrando livros e frases que li cujos autores expunham claramente esse conhecimento de filmes que assisti - nos quais estavam implícito ou explícito esses ensinamentos de grandes ícones que ouvi relatar suas experiências resultantes dessas práticas em textos e em personagens bíblicos que descobriram e aplicaram-nas em suas vidas - um familiar, em conversa comigo, se pôs a reclamar de alguém que, segundo seu ponto de vista, era difícil de lidar e estava ficando praticamente insuportável olhar no seu rosto.

Não me agrada esse tipo de diálogo (quando a finalidade é única e simplesmente reclamar), mas em um determinado momento, ele ressaltou:

– Sei que não posso agir assim, mas o que eu faço com essa pessoa?

Era a pergunta que eu esperava!

Estávamos em quatro adultos e duas crianças no ambiente. Talvez tenha sido a primeira vez que ele foi coagido a agir como louco.

– Feche seus olhos! – falei.

Ele me obedeceu prontamente!

Talvez tenha pensado que eu iria orar por ele ou ensiná-lo a fazer algum tipo de oração. Não que esse não seja um modo de orar. Na verdade, creio ser essa a verdadeira e eficaz oração. Então prossegui:

– Imagine que você esteja numa piscina.

Ele abriu os olhos e perguntou:

– Tem certeza que é pra fazer isso agora?

Não pude perder e oportunidade de responder-lhe:

– Ué, mas você não pediu ajuda?

Ele assentiu com a cabeça e então continuei:

– Você está no meio da piscina. Numa das extremidades está o Maurício (nome fictício).

Naquele momento, percebi que ele esboçou um sorriso, indicando ter interpretado como piada.

– Não sorri – disse eu. – É uma coisa séria!

Ele voltou imediatamente a concentrar-se.

– Você está no meio da piscina, Maurício se encontra em um canto dentro da piscina, afastado. As ondulações na água representam o amor. Quando você se move, as águas fazem ondas que vão para todas as direções. Movimente as águas agora e veja as ondas indo na direção dele: ondas de amor. Não importa onde ele estiver ou quão lentas as ondas avançam, elas vão chegar! Elas estão chegando até ele... estão se aproximando... Está vendo? Elas chegaram!

Naquele momento, ele me interrompeu e disse:

– Ele saiu da piscina.

Retruquei em seguida:

– Não. Ele não saiu. Você o retirou inconscientemente. Ele nem sabe que o colocamos nela. Mas você sabe e, porque se recusa a aceitá-lo com seus defeitos, optou por excluí-lo. Repita essa cena mentalmente até que ele permaneça na piscina, a fisionomia dele mude e ele te olhe nos olhos. Pode ser que ele saia de onde está e vá até você! – finalizei.

Não se engane com a simplicidade! Os dispositivos de impressões ao subconsciente, por mais simplórios e fantasiosos que pareçam, são extremamente eficazes. Os conflitos mentais imaginários, engenhosamente elaborados pela mente humana, são provas contundentes das reações físicas e emocionais provocadas nos indivíduos.

Se ao caminhar pela rua, você tiver o pressentimento de que está sendo seguido, ou de que alguém te observa, e faz comentários maldosos a seu respeito, instantaneamente seu comportamento mudará porque um turbilhão de pensamentos e sentimentos te instabilizará.

Pegue o atalho e alimente seus monstros ou siga em frente e resolva tua vida. (KALL, Claudiney. Veredas Literárias. São Paulo: Clube de Autores, 2019, p. 58).

AS FERRAMENTAS IDEAIS

Sendo iluminado pós o descortinar do véu e ciente do poder de criação do fértil terreno mental, reuni, em um único dia, todos os problemas, pessoas, situações e até coisas que me incomodavam e os pus diante de mim.

As atividades exercidas na empresa, as máquinas com as quais eu trabalhava, as pessoas com quem lidava no dia a dia, a empresa como um todo. Tudo que me vinha à mente, ou que me causava descontentamento, insegurança ou raiva, estava comigo à mesa oval imaginária.

Foi um desafio tão grande encarar meus infortúnios quanto foi para o meu parente aceitar o amor, por ele enviado, chegar até seu familiar que "não merecia" esse nobre gesto.

Eu não havia os reunidos ali para humilhá-los, apontar seus erros, aviltá-los, nem para cobrar explicações de seus atos, como um tribunal inquisidor. O réu ali seria eu! Eu assumiria a culpa por todos os erros que cometi porque, de fato, o verdadeiro responsável pelo desarranjo interior era eu.

O primeiro passo na resolução de todo mal que te afeta é a autorresponsabilidade. Isso consiste em saber que a culpa ou a responsabilidade é sua. Só o indivíduo autorresponsável é capaz de assumir as rédeas de sua vida, escrever o roteiro e atuar no filme com todos os elementos que escolher para si.

A mesa estava posta diante de meus inimigos imaginários. Dentre eles um se destacava, foi o primeiro que olhei face a face: o inimigo era eu. Sabendo que não devia ter reagido negativamente a atitudes alheias, em um ato estúpido, como se fosse a maior façanha da minha vida, me fiz o maior bandido da história que estava criando.

Reconheci imediatamente a minha falha diante do eu mentalizado, uma réplica de minha pessoa. Ressaltei ainda que, apesar da ignorância, minhas intenções foram boas de modo que não prejudiquei, nem tive a intenção de causar prejuízos a ninguém. Denunciei atitudes e não pessoas que, assim como a película, exibem o que está na mente do criador do roteiro, as atitudes não admiráveis daquelas pessoas por mim relatadas. De igual modo, apontavam para o mal que estava internalizado em mim.

Antes de o fogo arder no vilarejo, queimou no coração do profeta; antes de o inimigo destruir a cidade, destruiu o interior dos cidadãos; antes de os invasores derrubarem os muros, os ânimos dos moradores já haviam desmoronado; antes de a paisagem mudar, o estado de espírito do povo já havia mudado

Quando se condena veementemente as más ações alheias julgando-as reprovável e inaceitável e se expressa intensa emoção, certo é afirmar que o referido mal já perturbou a paz interior do denunciante.

É importante lembrar que autorresponsabilidade jamais gerará, como produto final, o remorso. A angústia ou a infelicidade, após um erro cometido, devem ter como finalidade a mudança de atitude. Isto mediante a uma nova percepção dos fatos, para que os sentimentos gerados pelo reconhecimento do erro façam-no encontrar novos caminhos, novas práticas, de modo que sobressaiam as anteriores, dando origem a um ciclo contínuo de pensamentos, sentimentos e atitudes benéficas, elevadas, prazerosas ao indivíduo e aos demais.

Reagindo eu, positivamente, à cena fantasiosa, tive a certeza que tal método funcionaria. Chamei mentalmente um a um dos que estavam assentados à mesa imaginária. Todos vieram! Cada um na ordem em que eram chamados.

Trouxe à memória o rosto de todos e observava que minha relação mental com eles concedia diferentes expressões faciais segundo a personalidade e o caráter que eu havia internalizado deles. Havia quem sorria amigavelmente para mim, sem que eu nada dissesse, como se já soubesse do que se tratava aquela reunião e demonstrava estar feliz por aquele momento único. Houve quem estava distraído e nada entendia do que estava acontecendo. Tinha aqueles que apresentavam expressões severas e também os que encaravam como sendo uma reunião profissional.

Não julguei aspectos físicos nem o descaso, tão pouco a ignorância dos que não sabiam o que estava acontecendo, pois sabia eu que era minha imaginação reagindo à percepção que eu tinha dos indivíduos à minha volta e que este cenário eu poderia alterar a qualquer momento. Eu os havia colocado ali para isso!

Estive por vários dias onde não queria estar, relacionando-me com pessoas com quem não mais queria me relacionar, executando funções que não queria desempenhar. Logo, a projeção mental ilusória seria um desafio.

Tudo o que você sente é real para você

Eu morava no sul do Brasil. As variações de temperatura entre sul e sudeste são significativas. Quinze anos após residir em São Paulo, eu ainda estava habituado à temperatura da região sul. Era muito raro usar blusa, salvo quando a sensação térmica estava inferior a dez graus.

Não raramente o que as pessoas de minha cidade atual interpretavam como frio, para mim era considerado um clima agradável. Jamais negava a realidade deles. O frio era tão real para eles quanto representava o clima ameno para mim.

Vivíamos a mesma realidade: o clima, mas os sentimentos como respostas aos estímulos externos eram diferentes.

Ao despertar a atenção de pessoas cujas ações eu não aplaudia, notei suas faces rudes, como que não querendo estar ali, mas sabia que era uma peça pregada pela mente subconsciente que se recusava abrir mão de arquivos negativos nela registrados: cenas mentais ensaiadas ininterruptamente durante vários dias, uma visão unilateral dos fatos.

Quando tomei nota da resistência interior, tive a convicção de que havia tomado rumo certo e, então os trazia mentalmente todas as vezes que a pessoa desviava de mim o olhar. Quando esta se fixava firmemente a olhar para mim, então dizia eu repetidas vezes as habilidades, capacidades, virtudes e características que nelas havia e que causavam em mim admiração. Era uma mudança brusca de direção, uma retomada de trajetória de 180 graus.

Esbarrei propositalmente nas situações que me incomodavam para que, em ocasiões posteriores, tropeçando às cegas, eu não viesse a ser surpreendido por elas.

Tirei os obstáculos do caminho enquanto havia luz; e quando o mundo jazia na escuridão, caminhei confiante

Quando conseguia fazer os meus adversários atentarem para mim, outro desafio surgia: enfatizar seus pontos positivos de tal modo que racionalmente eu os validasse como verdadeiros e dignos de nota.

Seus defeitos tomavam de assalto a minha mente, como um ladrão a se arremeter repentinamente contra a pobre e despercebida vítima. Mas não importava o quanto os personagens, elementos ou situações fugiam do roteiro. Eu o havia escrito, era o diretor e os personagens, por conseguinte, faria ocorrer do meu jeito, nem que tivéssemos de repassar a cena uma centena de vezes.

Se dê ao trabalho de mudar a cena, alterar o figurino, escrever uma nova história e revisar os atos até que o espetáculo saia perfeito

Nada fiz para mudar a visão destas pessoas em relação a mim, muito pelo contrário, utilizei estas ferramentas como artifícios para mudar meu posicionamento frente às projeções. Porém, os resultados, por força eletromagnética, foram bidirecionais: mudando-me, os mudei. Alterando minha visão sobre eles, suas perspectivas foram alteradas em relação a mim. Enviando-lhes amor, o recebi de volta sem que eles soubessem o que eu estava fazendo.

O que passa na mente passa na vida

Para algumas pessoas, o ser divino não interfere nas relações humanas. Uma interpretação totalmente equivocada! O Salmo 115.16 declara afirmativamente: "os céus dos céus são do Senhor, mas a terra deu aos filhos dos homens" *(BÍBLIA DO PESCADOR. Tradução: Vasti Rodrigues e Silva e Karen de Andrade Bandeira. Rio de Janeiro: CPAD, 2014, p. 652).*

É a ignorância referente às leis naturais que as colocam como vítimas das circunstâncias. O Salmo 148. 6 diz: "Ele criou todas essas coisas e elas permanecerão para sempre; as leis que o Senhor determinou para o universo nunca serão mudadas" *(A BÍBLIA VIVA. São Paulo: Mundo Cristão, 2002, p.*

645). Assim, menciona lei estabelecida para reger o universo, e o desconhecimento dessa lei conduzirá o homem ao erro.

Uma das leis universais é a da semeadura e colheita, que não está restrita somente à agricultura, mas também se aplica ao que semeamos na vida.

Há quem se diz desprovido de recursos, que afirma nada ter a oferecer, que pouco acrescenta nos seus círculos por desconhecerem seus potenciais.

Temos muito a oferecer, a plantar, a semear.
Envie sorriso, envie amor, envie paz, envie cura, envie vibrações elevadas.

Após fixar firmemente na memória as virtudes de meus oponentes, repetidamente, até que seus maus atos foram apagados da minha imaginação, que suas atitudes honrosas se tornaram destaques de primeira página no jornal mental, não mais me causava dor ostentá-las e enaltecê-las diante da plateia. Na verdade, elas até mereciam!

Ao exponenciar as boas qualidades de "meus inimigos", não nego: senti-me como Hamã, personagem bíblico veterotestamentário, ao tecer elogios publicamente a seu pior inimigo, Mordecai, conduzindo-o assentado honrosamente na montaria do rei e trajando vestes reais pelas ruas da cidade, enquanto gritava a todo pulmão: é esse tratamento que merece quem é honrado pelo rei Assuero. Vi-me triste, cabisbaixo, humilhado.

No dia seguinte, antecedendo a atividades laborais, restaurei os bons sentimentos arquivados e revivi as sensações do dia anterior. Dessa vez, foi muito fácil fitar os olhos nos meus professores. Isto mesmo: professores.

Na reunião imaginária quando redefinia meus posicionamentos em relação a eles, promovi-os a professores. Todos estavam compartilhando seus conhecimentos. Alguns exemplificavam com sua maneira de ser, de agir, de falar e de solucionar problemas e como deveria ser meu comportamento.

Enquanto outros demonstravam, por sua conduta reprovável, como eu não deveria proceder. Eles diziam com suas palavras, ações e pensamentos: melhor não agir assim, mas caso aja desta maneira, estará cometendo um grande erro.

Mas ao defrontar os demônios interiores ou remover obstáculos que você mesmo criou é imprescindível que se responsabilize também pelas vezes que, munido de seu senso de justiça, cumpriu o papel de justiceiro executando vingança a qualquer preço. Até os atos de equidade, quando fundamentados na concepção egoica, são desprovidos de nobreza e trazem como "carta na manga" o senso de superioridade.

É necessário ter paz interior para ordenar ao vento e o mar que se acalme

A paz reinou nos dias que se seguiram. Aprendi de modo prático, desde então, a resolver todas as situações, até aquelas nas quais, sob a perspectiva humana, não teria nenhum controle ou influência.

Os burburinhos na vizinhança cessaram quando os baderneiros no interior da residência se aquietaram

Somente quem vive a quietude interior, quem descansa nas horas de turbulência e quem repousa durante a tempestade tem poder de aplacar a fúria do vento e do mar.

Somente criadores que corrigem as falhas dos entrechos anteriores e personagens que não agradaram aos telespectadores podem vir a ser prestigiados pelo público.

APLICAÇÃO

Quantas vezes rebobinamos filmes passados, reabrimos arquivos mortos, casos arquivados pelo tempo e exibimos em tempo real na tela espaço-temporal da memória para revivermos toda dor já sentida e toda angústia já vivida como se tais fatos estivessem acontecendo naquele exato momento, ao invés de escrever um novo filme? Não deixamos de continuar cenas já esquecidas ensaiadas na infância quando éramos heróis e heroínas?

Abandonamos para sempre uma sequência cujo desfecho éramos vitoriosos, mas por uma visão apequenada de nós mesmos, em um período de instabilidade e confusão, deixamos de acreditar em nosso potencial para creditar a quem não participou na construção da nossa história? São indivíduos que rastejam no pó e, com suas sutilezas e argumentos inflamados, atraem muitos para seu improdutivo terreno?

Se for para voltar à sala de arquivos passados e projetar o que te traz dor, volte para aprender com os erros e seguir em frente, refazer a história da qual não se tem orgulho, adquirindo uma lição prática dos seus próprios tropeços.

Não é exatamente assim nos filmes e séries? O malvado torna-se o bonzinho e o mocinho torna-se vilão? O perdedor vem a ser o herói da história e o personagem odiado passa a ser querido do público? Por que isso ocorre? Por que o roteirista assim definiu!

Você também pode escrever um final surpreendente como bem desejar.

Assim no cinema como na vida real

Não se preocupe com seu entorno, quando você mudar internamente, tudo à sua volta mudará para se readequar à sua realidade, a seu novo modo de padrão de vida.

Silencie os rumores e inquietações interiores. De que adianta isolamento acústico na residência, se a balbúrdia acontece do lado de dentro?

A responsabilidade é tua. Você é a casa, você tem a chave, o barulho todo é você quem faz!

O Mestre apaziguou a tempestade, não porque era Deus (como afirmam erroneamente alguns teólogos), pois ele havia humildemente assumido a forma homem, sujeito a todos os deslizes da natureza humana. Não somente isto, mas também se reduziu ainda mais, submetendo-se à servidão. A tempestade se acalmou sob seu comando porque Ele estava calmo e equilibrado enquanto seus aprendizes estavam desesperados.

Bruce blindou o carro para sua segurança, mas internamente se sentia desprotegido, inseguro e atormentado por monstros e fantasmas criados por sua própria imaginação

Não me causa estranheza muitos cristãos aguardarem ansiosamente sua ascensão ao céu como lugar de paz, amor e harmonia na expectativa de não mais chorar, sofrer ou adoecer, pois aqui estes não fazem o menor esforço para vivenciar essa paz e tranquilidade no mais profundo do seu ser por acreditar que os causadores de suas queixas são os indivíduos que se avizinham.

A terceirização da responsabilidade parece-nos confortável, mas é o primeiro obstáculo que nós mesmos colocamos para impedir nossa mudança. Nunca foi o outro quem magoou, quem te fez mal, quem te prejudicou. Foi você mesmo escrevendo seu roteiro, permitindo ao vilão te fazer sofrer, recriando essa cena triste, se colocando como vítima e agora aí está rebobinando a cena dramática.

As cenas retratadas na tela são reproduzidas dentro da cabine de projeção

Muitos pensam ser necessário forçar para amar pessoas porque esperam aprovações externas, quer ser amado por alguém especificamente ou quer aprovação de um determinado grupo de pessoas. Por isso, torna-se um escravo de seus próprios desejos emaranhados nas possíveis interpretações alheias.

Não é preciso forçar para viver o amor. É necessário se abrir para o amor, pois ele pode ser sentido como o ar que respiramos. Está sempre presente em todo momento, a todo instante, quer o sintamos e vivamos, quer não consigamos perceber através dos sentidos nem vivenciá-lo.

Aprovação ou reprovação de indivíduos externos não podem, em hipótese alguma, ser padrão métrico para sopesar o quanto amar seus semelhantes, tampouco seu preposto: amar a si mesmo.

EXERCITANDO O AMOR

Envie amor. Olhe nos olhos de cada pessoa que vier à sua mente e diga que a ama. Sorria para ela e veja-a sorrir para você. Ressalte as qualidades, habilidades e virtudes nelas existentes. Afirme que as admira enquanto exibe como um troféu, que é elevado à vista da multidão, a capacidade e o potencial de cada uma, tudo que nelas são dignos de nota. Faça isso com toda a sinceridade do coração todos os dias até não haver mais ódio, ressentimento ou culpa até que, todas as vezes que você se lembrar delas, seus pontos positivos saltem diante de seus olhos, até que você sinta uma energia positiva fluir em ambos os sentidos, até que quando você estiver com aquela pessoa, não se sinta mais incomodado, até que você perceba mudança nela por que ocorreu uma mudança primária em seus conceitos em relação a ela. O salmista (Salmos 37. 8) enfatiza no texto abaixo citado e modela através de seu exemplo de vida a responsabilidade do indivíduo que assiste o mundo com todos acontecimentos, coisas e pessoas a resolver em si mesmos as projeções mundanas que lhe incomodam:

"Evite a ira, abandone a fúria e não se abale – isso só leva ao mal". *(BÍBLIA JUDAICA COMPLETA. Tradução: Rogério Portella, Celso Eronides Fernandes. São Paulo: Editora Vida, 2010 p. 853).*

Certa vez, exemplifiquei para um grupo de pessoas o que é soltar a ira, o ódio e o furor. Meus amigos Gilberto e Gledson foram meus auxiliares. Munido de um pequeno elástico, entreguei aos dois para que o segurassem, um de cada lado esticando-o com o dedo indicador. O elástico naquela ocasião representava o ódio. Disse eu então:

– Vocês se odeiam. E se odeiam muito! O que você faz quando odeia uma pessoa? Você se aproxima da pessoa ou se afasta?

– Me afasto! – respondeu prontamente um deles.

– Bem, então vocês vão se afastar e o elástico, que é o ódio, vai permanecer com vocês.

Confesso que vi pessoas na plateia cerrar os dentes com medo de o elástico arrebentar no dedo dos meninos. Então prossegui:

– Vocês se distanciaram, não olham mais um para o outro. Estão confortáveis agora ou o ódio está causando tensão entre vocês?

– Está tensionando – responderam unânimes.

– Suponhamos que um de vocês se distanciasse tanto que um permanecesse aqui e outro lá no Japão ou em outra galáxia. Vocês estariam ainda sendo incomodados?

– Sim – afirmaram concordemente.

– O que deve ser feito então para que vocês não sofram mais este mal? – perguntei.

– Soltar o elástico! – os expectadores responderam em uma só voz com meus dois ajudantes improvisados.

Então eu disse:

– Soltem o elástico do ódio, da inveja, do ressentimento. Livrem-se desse sofrimento! Podem soltar!

Mas acredite querido leitor, só o Gilberto soltou prontamente o elástico. Tive de dizer três vezes para o Gledson soltar.

E não é de fato assim? Não consideramos o ódio demasiadamente importante para soltá-lo, enquanto tratamos com demérito os nossos semelhantes, julgando-os não serem dignos de perdão?

Solta o ódio que você tem de pessoas de sucesso. Solta o ódio que você tem de pessoas invejosas. Solta o ódio que você tem daquele que te feriu. Solta o ódio que você tem de si mesmo. Solta o ódio que você tem de seus pais pelo tratamento dado a você!

Perdoe a todos: próximos, distantes, vivos ou aqueles que estão vívidos apenas na memória. Perdoe a si mesmo!

Você é o responsável! Defina o curso da sua vida, o curso do amor, da sabedoria, da harmonia, da gratidão, do reconhecimento.

Seja sábio! Cultive no terreno fértil e construa no solo rochoso. Torne o arenoso deserto em uma megalópole e o terreno pantanoso em um local de descanso e de renovação. Crie seu ambiente.

Em algumas das igrejas que frequentei, fui escalado para instruir grupos de neófitos para o batismo. No penúltimo grupo (antes de iniciar esta obra literária), eu falava sobre relacionamento interpessoal do ponto de vista cristão, segundo os rudimentos bíblicos.

Fiz uma brincadeira com jovens e adolescentes, mencionando que sempre tem um grupinho de meninas chatas na escola. Foi muito eficaz, embora não tenha sido proposital.

Imediatamente, uma adolescente se manifestou dizendo que havia uma garota insuportável que, em sua opinião, colocava suas próprias amigas contra ela. Perguntei à minha aluna se havia alguma virtude que ela admirava na rival. Ela recusou prontamente afirmar que sim, como eu já previa. Então, prossegui interrogando:

– Não há alguma matéria na qual ela se dê bem e seja melhor que você?

– Matemática – respondeu a aluna – ela é boa em matemática, enquanto sou péssima.

– Tem alguma menina fofoqueira entre vocês? Uma que fala mal de você para ela e fala mal dela pra você? – questionei.

– Tem. Tem sim! Mary [nome fictício]! –disse-me ela.

– Então faça da seguinte forma: diga a Mary, sem revelar a real intenção, que você admira a Carla [nome fictício] por que ela tem uma facilidade muito grande com a matéria, enquanto você que não compreende com a mesma facilidade. Diga apenas isso. Nada mais e deixa o resultado ocorrer naturalmente – orientei.

Uma semana depois, lá estava minha aluna novamente em outra aula. Enquanto ressaltava os pontos importantes da aula anterior, me lembrei das orientações a jovem e perguntei:

– Fez conforme o que falei?

Ela começou a rir e disse:

– Cheguei à Mary e disse a ela que admirava a Carla e que se eu tivesse sua amizade iria pedir ajuda com a matemática. Quando foi no intervalo, a Carla veio e me disse que foi informada que eu estava precisando de ajuda e, se caso eu quisesse, estava disponível para me ajudar. Desde então, nos tornamos amigas!

Ela construiu uma ponte ligando dois terrenos, anteriormente divididos, preparando e fixando uma coluna em uma área encharcada e agora a ligação, antigamente não aparente, tornou-se visível.

Seja sábio. Você é o arquiteto, o visionário, você é o solo e é parte dele. Você é o autor e é também a obra.

O palco, o cenário, os elementos, os profissionais são teus, são tuas criações, a vida é tua. Então não perca tempo e escreva o roteiro, crie e ilumine o cenário com amor. Cerque-se de amor; cultive e viva o amor. É um grande empreendimento, há muito trabalho a fazer.

Portanto, inicie imediatamente, pois como no *Self Made Man*, de Bobbie Carlyle, o homem está esculpindo a si mesmo em pedra, entalhando seu personagem, cinzelando seu futuro. De igual modo:

"Ninguém está definitivamente completo ou acabado. Estamos nos aprimorando diariamente, esculpindo-nos, trabalhando imperfeições, fazendo os ajustes necessários, nos automodelando". *(KALL,Claudiney. O Grito do Solitário. Rio de Janeiro: Bonecker, 2019, p. 78).*

De volta a Números (13. 30), onde os espias fazem relatórios da terra a qual estava por conquistar, dois espiões se destacaram, não por fazer descrições antagônicas a dos dez espiões, porque evidentemente o cenário era semelhante para todos, mas por serem corajosos, animados e confiantes. Tinham perspectivas positivas pois, no solo mental, foram plantadas as sementes da fé e da vitória, que fez com que Calebe se opusesse ao fracasso prévio ao manifestar-se para animar os irmãos:

"Então Calebe fez calar o povo perante Moisés e disse: Subamos e tomemos posse da terra. É certo que venceremos". *(BÍBLIA DE ESTUDO NVI. São Paulo: Editora Vida, 2003, p. 230).*

REFLITA

A maioria está propensa à mediocridade, a não encarar desafios, ao fracasso, a permanecer confortável ao invés de optar pelo progresso, crescimento e evolução.

É mais cômodo ter renumeração mediana e não estudar do que aventurar-se na profissão dos sonhos depois de anos de faculdade. É melhor permanecer em um emprego infeliz do que mudar e trocar o certo pelo incerto. É mais seguro ainda dedicar longos anos de estudo e décadas ao trabalho laboral do que empregar esforço para trabalhar as guerras interiores, os terrores mentais, a conduta repreensível e as emoções instáveis.

Mas agora é a vez do leitor. O que fará por ti mesmo sabendo que, empreendendo em sua jornada, segundo os padrões medíocres, poderá ser visto como um desajustado; perdendo com isso, ainda que por um tempo, o benefício da aprovação social?

É fato conhecido de todos! Basta olhar a sua volta, e verá empreendedores, empresários, líderes religiosos, escritores, músicos, inventores, entre tantos outros que, ao optar por realizar seus sonhos, desenvolver seus projetos e seguir seus próprios caminhos, ficaram solitários por um tempo e, não raramente, foram rotulados como loucos, mas em sua loucura, fizeram e fazem a diferença.

O palco diante de você não difere do que é para muitos. Porém, se sua visão for diferenciada, poderá readequar o roteiro e arrumar o palanque de sua existência deixando-o mais harmônico, aprazível e ideal para você.

Seu futuro será de conquista e vitórias se, e somente se, as tuas vitórias forem fato para você hoje, independentemente do apoio alheio.

Faça as pazes com as pessoas, faça as pazes com o mundo, faça as pazes no seu mundo e o universo exterior fará as pazes com você

Ajuste o cenário. Corrija internamente as imperfeições do mudo externo de modo que não mais ocorram interferências negativas, abalos existenciais e nem mesmo leves incômodos na alma. Quanto mais arder-se em ódio e tristeza tiveres, frente às inconveniências, e fazer dos sentimentos ruins e más ações objeto de seu foco e critica constante, estarás condenado a uma vida rasteira, limitada e infeliz. Acredito não ser esse o tipo de vida com a qual você sonhou.

Viva a vida em abundante saúde, paz, amor, harmonia e felicidade extraindo todas as boas dádivas do viver pleno de dentro de si. Procure-as na certeza de que aí se encontra, como uma dona de casa que revira todo o baú na certeza de que o objeto que ali guardou ainda permanece intacto e inviolável podendo dele se apossar no momento que lhe for conveniente.

CLAUDINEY KALL

O GRITO
DO SOLITÁRIO

REFLEXÕES
E
INFLEXÕES

De Peito Aberto

Claudiney Kall